ÉTUDE
SUR
LA MISE EN SCÈNE

LETTRE A M. FRANCISQUE SARCEY

PAR

M. ÉMILE PERRIN

DE L'INSTITUT

ADMINISTRATEUR GÉNÉRAL DE LA COMÉDIE-FRANÇAISE

PARIS

TYPOGRAPHIE DE A. QUANTIN

7, RUE SAINT-BENOIT

1883

ÉTUDE

sur

LA MISE EN SCÈNE

Cette Étude a servi de préface au huitième volume des *Annales du Théâtre et de la Musique*, par MM. Édouard Noël et Edmond Stoullig.

ÉTUDE

SUR

LA MISE EN SCÈNE

LETTRE A M. FRANCISQUE SARCEY

PAR

M. ÉMILE PERRIN

DE L'INSTITUT

ADMINISTRATEUR GÉNÉRAL DE LA COMÉDIE-FRANÇAISE

PARIS

TYPOGRAPHIE DE A. QUANTIN

7, RUE SAINT-BENOIT

1883

ÉTUDE

SUR

LA MISE EN SCÈNE

A Monsieur Francisque Sarcey.

Monsieur,

Permettez-moi d'écrire votre nom en tête de cette étude. MM. Stoullig et Noël ont coutume de demander à de plus illustres la Préface de l'intéressant recueil qu'ils publient, depuis huit ans, sous ce titre : *Annales du Théâtre et de la Musique.* Ils désiraient y voir traiter cette année un sujet sur lequel j'ai peut-être quelque compétence ; ils m'ont choisi pour cela ; je n'ai pas cru devoir répondre par un refus à une démarche aussi courtoise. Le sujet m'attirait d'ailleurs, et, ce qui me décida tout à fait, c'est que je me ressouvins d'avoir eu, là-dessus, avec vous une longue conversation, il y a quelques années.

Vous le rappelez-vous comme moi, Monsieur ?

C'était lors du voyage de la Comédie-Française à Londres, en 1879. Vous aviez suivi la Compagnie; vous lui aviez promis d'être son historiographe, ce qui était un grand honneur pour nous.

Dans ce temps-là, votre plume m'était plus clémente. Vous n'aviez point encore entrepris contre l'Administrateur actuel de la Comédie-Française cette campagne que vous poursuivez avec la ténacité qui est un des traits de votre caractère, une des forces de votre talent. Nous étions dans des relations tout à fait amicales, et vous voulûtes bien accepter un dîner à *Brunswick-Hotel,* que j'habitais, Jermyn-street. Je vous avais promis, — un peu légèrement, je l'avoue, — de vous faire manger à Londres un vrai filet de bœuf parisien, et j'avais fait, à cet égard, au maître d'hôtel les plus expresses recommandations. Il me faussa cruellement parole. Ce n'est pas de cette déception, j'en suis sûr, que vous m'avez gardé rancune ; mais ce mauvais dîner m'est resté sur la conscience et, si j'étais superstitieux, je croirais qu'il m'a réellement porté malheur.

J'avais invité avec vous un des plus dignes et des plus éminents critiques de la presse anglaise, M. Tom Taylor. Vous l'aviez en grande estime. Il était rédacteur du *Times* et il exerçait sur les lecteurs de ce puissant journal une influence, une autorité analogues à celles que vous exercez vous-même sur les lecteurs du *Temps*. Tout naturellement nous causâmes de théâtre, et la conversation tomba sur un sujet que vous avez souvent traité au cours de vos feuilletons : « De l'utilité et des inconvénients de la mise en scène. » Vous blâmiez l'importance excessive que l'on accorde aujourd'hui à ce qui ne doit être en effet qu'un côté accessoire de l'art au théâtre. Vous m'accusiez de donner dans ce travers ; vous me disiez que la Comédie-Française n'a pas besoin de la mise en scène de l'Opéra, ce qui est absolument mon avis. Je répondais que c'était là une question de tact et de mesure, mais que chaque théâtre, dans la proportion qui convient à son genre, à ses dimensions, à ses ressources, est tenu de satisfaire au goût et aux exigences nouvelles du public. D'ailleurs, la mise en scène, en complétant l'illusion théâtrale, n'ajoute-t-elle pas à l'émotion ressentie par le spectateur, n'est-elle pas une force de plus mise au service de l'auteur? Je vous disais que, lorsqu'il s'agit de présenter, pour la première fois, une œuvre aux regards et au jugement du public, cette œuvre ne saurait être entourée de trop de soins, que rien ne doit être en cela donné au hasard, que le temps ni la dépense ne doivent compter, que le jeu des acteurs, le mouvement de chaque scène, l'aspect du décor, la juste harmonie de chaque accessoire doivent être réglés avec le soin le plus scrupuleux, puisque du bon accord de toutes ces choses dépend souvent la bonne impression reçue par le public; tandis que le moindre heurt, une maladresse, un écart peuvent compromettre l'effet d'une belle scène, faire éclater le rire lorsque l'on comptait sur les larmes, changer la fortune d'une pièce et la faire tourner en désastre.

M. Tom Taylor était de mon côté dans la discussion. Aux jours de sa jeunesse, il avait été, comme moi, un peu peintre, et cela peut être utile aux critiques comme aux directeurs de théâtre. Ce soir-là, précisément, les artistes de la Comédie-Française jouaient à Gaiety-

Theatre *le Sphinx,* d'Octave Feuillet. Vous n'avez jamais aimé *le Sphinx*. Vous avez protesté dès l'abord contre le succès, qui fut grand; vous n'avez, depuis, jamais manqué l'occasion de vous montrer très sévère. *Le Sphinx* vint à point pour servir à votre argumentation. Vous prétendiez que la mise en scène y avait pris un rôle prédominant. Vous ne me pardonniez pas les deux beaux décors de Rubé, la grande fenêtre où, sous un pâle rayon de lune, on voyait Mlle Croizette, dans tout l'éclat de sa beauté, passer et surprendre M. Delaunay aux pieds de Mlle Sarah Bernhardt. Le parc mystérieux, les allées tapissées de mousse où glissent les traînes de satin, le lac endormi sous les nénuphars, le petit pont rustique se frayant son chemin à travers les roseaux, tout ce milieu poétique et troublant, cher à l'inspiration d'Octave Feuillet, dans lequel se meuvent les passions réelles et vigoureuses de son drame, avaient le don de vous exaspérer; cette exaspération allait même jusqu'à vous faire commettre d'impardonnables erreurs. Je me souviens d'avoir lu, dans une de ces courtes notices consacrées par vous aux artistes en renom, et qui sont trop écrites au courant de la plume pour être d'une exactitude absolue, que, dans la scène finale du *Sphinx*, qui causa alors une si vive émotion, Mlle Croizette avait recours à un singulier artifice, et qu'elle se colorait le visage à l'aide d'une teinture verte. Je puis vous affirmer, Monsieur, que la jeune artiste n'a jamais eu recours à de tels moyens. L'effet qu'elle produisait n'était dû qu'à la mobilité de ses traits, à l'expression saisissante de sa physionomie, qualités bien précieuses chez l'artiste dramatique.

Vous étiez, nous disiez-vous, curieux de voir le drame d'Octave Feuillet sur un théâtre où il ne fût pas entouré de ce que l'on est convenu d'appeler les prestiges de la mise en scène, et, de fait, le Gaiety-Theatre offrait à la Comédie-Française une hospitalité totalement dénuée de ce prestige. Vous aviez hâte d'assister à cette soirée dont vous vous promettiez une satisfaction un peu féroce. L'heure était venue, nous nous mîmes en route pour Gaiety-Theatre, et *le Sphinx*, réduit à ses propres forces, n'en resta pas moins un drame émouvant, humain, auquel le public anglais fit fort bon accueil.

Je m'étais promis de n'en pas rester là avec vous, mais le ciel en a décidé autrement.

M. Tom Taylor est mort, et, quoique vous me fassiez l'honneur de vous occuper assez souvent de moi, nous ne causons plus guère ensemble. MM. Noël et Stoullig me fournissent aujourd'hui l'occasion de reprendre, à trois ans de distance, notre entretien interrompu. Supposons que nous sommes encore assis à la table de *Brunswick-Hotel;* causons de bonne amitié, comme durant une suspension d'armes, à l'abri du pavillon parlementaire : vous reprendrez demain votre férule... Le voulez-vous, Monsieur?

Entendons-nous bien d'abord sur ce mot « mise en scène ». Il est d'origine moderne, on en abuse un peu, et je crois qu'on le détourne parfois de sa signification propre. Je vais essayer de le bien définir.

Il faut admettre que toute pièce de théâtre est faite pour être représentée. Quelle que soit la supériorité de l'œuvre, qu'elle s'appelle *le Cid* ou *Polyeucte, Andromaque* ou *Britannicus, le Misanthrope* ou *les Femmes savantes,* c'est seulement sur la scène que cette œuvre apparaît dans son complet épanouissement et que l'on a la perception de toutes ses beautés. Je sais bien que je me trouve ici en contradiction avec certains esprits fâcheux ou absolus qui, sous le prétexte que les interprètes sont trop rarement à la hauteur de l'œuvre, prétendent trouver plus de plaisir à lire ces chefs-d'œuvre qu'à les voir représenter. Ces gens-là n'aiment pas le théâtre, et je les plains; car il n'est pas de jouissance de l'esprit supérieure à celle que donne le spectacle d'une belle pièce bien jouée. J'irai plus loin : si perspicace que soit l'esprit de celui qui se contente de lire une pièce, il ne reçoit de ce plaisir solitaire qu'une impression imparfaite, indécise et comme assombrie. Il faut les clartés de la scène pour donner à une œuvre dramatique son vrai relief, sa vraie puissance, sa vie.

L'auteur sait bien cela, il sent bien que c'est sur la scène seulement qu'il peut se rendre compte de ce qu'il a fait, que là seulement son œuvre revêt sa forme définitive. Quand l'auteur a fini d'écrire sa pièce, il n'est pas au bout de sa tâche ; la partie du chemin la plus pénible lui reste à parcourir. C'est comme un second enfantement, et plus laborieux que le premier. L'œuvre de son imagination, de son cœur, l'œuvre intime est achevée, mais l'œuvre complexe et extérieure commence. Jusqu'alors il ne relevait que de lui-même, il va maintenant dépendre des autres. Il lui faut choisir ses interprètes, devenir pour chacun d'eux un conseiller patient et assidu, mettre leurs qualités en relief, atténuer leurs défauts, les inspirer du souffle immédiat de sa pensée, leur dire : « Voilà ce que j'ai voulu, voilà ce que je veux que vous fassiez comprendre au public, voilà l'emploi que j'exige de vos forces, de votre talent, de votre expérience. » Il faut, en même temps, que tous les arts accessoires qui doivent concourir à l'illusion théâtrale se fassent des serviteurs dociles dans la mesure que l'auteur juge à propos de leur assigner. Il faut que ces éléments divers d'un même tout, convergeant vers un même but, se coordonnent et se prêtent un mutuel appui.

La « mise en scène » n'est autre chose que le résultat de ces efforts combinés. C'est le côté secondaire du théâtre, je le sais bien, et, en l'étudiant, je ne voudrais pas m'exposer de nouveau au reproche que vous m'avez souvent adressé de sacrifier le principal à l'accessoire, de rechercher même de préférence les pièces qui donnent le plus de place à la mise en scène, fût-ce aux dépens de leur mérite littéraire. Je vous affirme, Monsieur, que je connais mieux mon devoir. J'ai autant de respect et d'admiration que personne pour les chefs-d'œuvre qui forment l'incomparable répertoire du Théâtre-Français. Je sais bien que, fussent-ils joués entre quatre murs, sans décors et sans costumes, ils n'en resteraient pas moins de purs chefs-d'œuvre ; mais j'estime qu'ils ne perdent rien à être entourés de plus de soin qu'on ne leur en a longtemps accordé. Nous ne sommes plus au temps où l'on jouait indifféremment dans le même décor *Horace*, *Britannicus*, *Phèdre*, voire *Zaïre*, où les mêmes colonnades et les mêmes portiques suffisaient à représenter la Rome barbare des Tarquins, la Rome triomphale des Césars, la demeure de Thésée aux jours héroïques de la Grèce et la terrasse du palais d'Orosmane, d'où le vieux Lusignan peut dire à sa fille, en lui montrant Jérusalem, la ville sainte :

Vois *ces murs*, vois *ce temple*, envahi par tes maîtres,
Tout annonce le Dieu qu'ont vengé tes ancêtres.
Tourne les yeux : *sa tombe* est près de *ce palais* ;
C'est ici *la montagne* où, lavant nos forfaits,
Il voulut expirer sous les coups de l'impie.
C'est là...

Pendant longtemps le public et les comédiens ont semblé n'attacher aucune importance à la vraisemblance scénique. Est-ce parce que le sentiment littéraire était alors plus général, plus développé et si subtil, qu'il réussissait à faire excuser toutes les imperfections matérielles? Je ne le pense pas; d'autant que celles-ci allaient souvent contre la pensée de l'auteur, devenue inintelligible par le sans-façon avec lequel son œuvre était représentée.

Citons un seul exemple. Voici comment Scudéry traite Corneille dans ses *Observations sur le Cid*, en 1637 : « Le théâtre, dit-il, y est si mal entendu, qu'un même lieu représentant l'appartement du Roi, celui de l'Infante et la rue, le spectateur ne sait le plus souvent où en sont les acteurs. » Et pourtant, Corneille indique bien les changements de scène nécessaires à la clarté de son action dramatique. Il y revient avec insistance dans l'*Examen du Cid*; il les justifie, il les commente, il les impose. Un siècle plus tard, vers 1734, les Comédiens, renchérissant encore sur les sévérités de Scudéry, prennent le parti de se débarrasser définitivement des changements de lieu exigés par le poète, et, pour que l'action prenne à leurs yeux plus de vraisemblance, ils font remanier la pièce, y suppriment trois rôles, en modifient l'équilibre, en diminuent singulièrement l'intérêt. C'est Jean-Baptiste Rousseau qui passe pour avoir été l'exécuteur de cette mutilation, et, pendant près d'un siècle et demi, *le Cid* ne fut représenté au Théâtre-Français que sous cette version expurgée. C'est donc le théâtre qui trahissait l'auteur en ne lui fournissant pas des moyens d'exécution suffisants, qui l'enserrait dans des liens plus étroits, plus pénibles encore que ceux des « trois unités » contre lesquelles se débattait déjà le génie impatient du grand Corneille.

Aujourd'hui le théâtre n'en est plus à ces procédés de mise en scène un peu trop sommaires; il dispose de ressources puissantes et variées. D'indigent qu'il était, le théâtre est devenu riche. Les arts ont fait avec lui une plus étroite alliance. Les découvertes de la science moderne ont mis entre ses mains de nouveaux moyens d'action. En même temps le goût du public, porté par le mouvement général des arts vers les études rétrospectives, est devenu plus curieux de l'exactitude historique, plus familier avec des questions, plus sensible à des erreurs dont il ne se préoccupait guère autrefois. L'illusion scénique, aussi parfaite que possible, est une loi du théâtre moderne et une juste exigence de la part du spectateur. Il faut donc reconnaître que le théâtre a fait de ce côté d'incontestables progrès. Il n'est peut-être pas sans intérêt de suivre le mouvement de ce progrès, d'en marquer les phases successives, de comparer ce qu'était la mise en scène autrefois avec ce qu'elle est aujourd'hui, en l'étudiant, surtout au point de vue du Théâtre-Français, sous ses trois points principaux : le Jeu des Acteurs, le Décor, et le Costume.

I.

Je ne traite point ici de « l'Art du Comédien ». Le sujet est trop vaste et m'entraînerait hors des limites que je me suis tracées. On a dit souvent que cet art-là était dans des conditions d'infériorité vis-à-vis des autres arts, parce que le comédien est un instrument, admirable parfois, mais qui ne vibre pas sous sa propre inspiration, parce qu'il représente un personnage, qu'il exprime des sentiments, qu'il se meut dans une action créés par l'invention ou par l'observation de l'auteur dramatique. Cela est vrai, mais ce qui n'est pas moins vrai, c'est que l'interprète ajoute à l'œuvre une singulière puissance, qu'il prête une force nouvelle au langage le plus sublime du poète. L'art de bien dire, de frapper à coup sûr la note juste sur le clavier des sentiments humains, de savoir, à son gré, émouvoir et charmer, l'art de faire de son être une sorte d'être mobile et changeant qui se transforme, se transfigure sous le feu des passions tour à tour sublimes ou basses, tendres ou terribles, l'art qui soulève les acclamations des foules, qui fait bondir les cœurs et couler les larmes, l'art qui sert si souvent de conseil et d'étude à l'orateur, au peintre, au sculpteur; cet art-là est bien, ce me semble, le frère et l'égal des autres arts. Et, si l'on considère combien est rare la réunion des dons naturels et des facultés acquises que l'on exige du comédien, ce qu'il lui faut d'étude et de hasards heureux, de travail obstiné, d'observation profonde, ce qu'il dépense de sa propre substance dans cette lutte constante avec le public de laquelle il doit toujours sortir vainqueur, ne peut-on pas dire aussi que le grand comédien peut marcher de pair avec les grands artistes?

Mais, si supérieur que soit le talent d'un comédien, il y a une vieille maxime de théâtre, d'une incontestable vérité, dont on est obligé de tenir compte : « On ne joue pas tout seul la comédie ». Quand le comédien a étudié et composé son rôle, qu'il en est bien maître, encore faut-il qu'il trouve autour de lui le bon accord, l'harmonie, l'aide consciente et mesurée d'autres talents, d'une valeur inégale peut-être, mais d'un zèle égal, et dont chacun soit mis à sa place, à son plan, sache se subordonner à l'effet général.

C'est ici qu'apparaît la nécessité de ce travail d'ensemble qui est le côté le plus intéressant et, sans aucun doute, le plus important de la mise en scène. Il s'accomplit sous les yeux et sous la direction de l'auteur, et de quels soins n'est-il pas l'objet ! Avec quelle sollicitude, avec quelle patience l'auteur et les comédiens cherchent, étudient, comparent, passent, pour ainsi dire, au crible la justesse de chaque intonation, la valeur de chaque mot, le mouvement de chaque scène ! Combien de fois il faut recommencer la besogne, revenir sur ce qui a été fait, avant d'obtenir ce résultat : que le théâtre donne au spectateur la sensation de la vie vraie ! Car l'action dramatique ne se déroule devant ses yeux avec clarté, tel mot ne prend sa valeur, telle situation ne sort son plein effet, que si chacun des personnages est bien à la place qu'il doit occuper, si le jeu de scène, si le tableau formé par l'ensemble des acteurs sont bien dans la logique de la scène et de la situation.

Est-il juste de dire qu'on se préoccupe trop aujourd'hui du soin de ces détails, la vérité, au théâtre, étant une chose de pure convention? Mais le théâtre ne saurait se soustraire au mouvement des autres arts, qui se sont tous accoutumés à une observation plus exacte, à une étude plus précise de la nature, à une imitation moins conventionnelle. Et puis, si l'on a dit avec raison que tout se ressemble et se recommence dans l'histoire des événements et des sentiments humains, cela est vrai surtout en ce qui touche le théâtre. Il me semble que, du temps de Molière, les choses ne se passaient guère autrement que du nôtre.

Dans *l'Impromptu de Versailles*, Molière s'est peint lui-même, et d'un pinceau aussi fidèle que celui de Mignard : il se montre à nous sous le multiple aspect d'auteur, de comédien, de directeur de théâtre, de metteur en scène. Il gourmande ses acteurs, il stimule leur zèle, il redresse leurs erreurs, il commente avec eux leurs caractères, il leur explique ses intentions. Cet infatigable chercheur de la vérité la recherchait partout, par tous les moyens, avec la même ardeur, jusque dans les moindres détails. Ce grand homme, en qui semble s'être incarné le génie même du théâtre, ne se contentait pas d'écrire des chefs-d'œuvre ; il se rendait compte aussi de ce que la scène, comme il le dit lui-même, « leur ajoutait de nouvelles grâces ». Cette merveilleuse entente du théâtre, inconnue avant lui, semble avoir frappé ses contemporains plus vivement peut-être que ses œuvres mêmes, qui furent parfois contestées ; on lui rendit du moins à cet égard une justice plus unanime :

« Molière, dit son ami La Grange, n'était
« pas seulement inimitable dans la manière
« dont il soutenait tous les caractères de ses
« comédies, mais il leur donnait encore un
« agrément tout particulier par la justesse qui
« accompagnait le jeu des acteurs ; un coup
« d'œil, un pas, un geste, tout y était observé
« avec une exactitude qui avait été inconnue
« jusque-là sur les théâtres de Paris. »

« Il a aussi, dit Ch. Perrault (*Hommes*
« *illustres*, 1697), entendu admirablement les
« habits des acteurs, en leur donnant leur vé-

« ritable caractère; et il a encore eu le don
« de leur distribuer si bien les personnages,
« et de les instruire si parfaitement, qu'ils
« semblaient moins des acteurs de comédie
« que les vraies personnes qu'ils représen-
« tent. »

« Les amis mêmes de Molière, ajoute
« Baillet (*Jugements des savants sur les princi-
« paux ouvrages des Auteurs*), convenaient que,
« dans toutes ses pièces, le comédien avait
« plus de part que le poète et que leur princi-
« pale beauté consistait dans *l'action*. »

Ce mot « action » représente exactement
la partie de la mise en scène que je désigne
sous le nom de « jeu des acteurs », et Molière
attachait une telle importance aux conventions scéniques établies par lui qu'il voulut
qu'elles demeurassent à l'état de loi pour ses
interprètes futurs. C'est dans les éditions ori-
ginales de Molière qu'on trouve pour la première fois des indications précises sur la mise
en scène. Elles sont en grand nombre dans
l'édition de 1667 du *Médecin malgré lui*. J'en
citerai une seule (acte Ier, scène VI) :

Ici, Sganarelle pose sa bouteille à terre, et, Valère se
baissant pour le saluer, comme il croit que c'est à dessein
de la prendre, il la met de l'autre côté : ensuite de quoi,

Lucas faisant la même chose, il la reprend et la tien contre son estomac, avec divers gestes qui font un grand *jeu de théâtre*.

Le tableau est complet; le texte est aussi clair pour l'action que pour la parole; le soin avec lequel Molière indique, jusque dans son moindre détail, cette scène muette, prouve le soin avec lequel elle avait été réglée. A plus de deux siècles de distance, M. Got peut ainsi la reproduire avec une exactitude scrupuleuse. Le « grand *jeu de théâtre* » excite toujours le fou rire et n'a jamais manqué son effet.

Il est d'autres jeux de scène qui sont passés en usage à la Comédie-Française sans avoir pour eux l'incontestable autorité du texte écrit. Il est possible que quelques-uns viennent de bonne source et qu'ils aient été fidèlement transmis par la tradition; mais il est sage de se méfier des traditions qui ne remontent pas directement à l'auteur; le texte original est un guide sûr, sans l'appui duquel il vaudrait mieux ne pas s'aventurer.

Après Molière, la Compagnie qu'il avait formée par ses leçons, fortifiée par son exemple, garde les procédés du maître; elle établit la tradition de ce merveilleux ensemble, pierre fondamentale de la mise en scène, et qui est restée une des forces de la Comédie-Française. Le rare mérite des comédiens, la cohésion parfaite de leurs talents divers et de leurs intérêts communs, eurent même ce curieux résultat de tenir longtemps les auteurs dans un état de subordination relative. Beaucoup des comédiens d'alors écrivaient leurs pièces et furent eux-mêmes des auteurs applaudis. La Compagnie pouvait ainsi vivre sur son propre fonds; elle se montrait d'un abord un peu hautain, d'un accès difficile. Regnard et Le Sage, que sollicitaient d'autres scènes et qui y rencontrèrent fréquemment le succès, n'étaient pas toujours en bons termes avec la Comédie, et l'auteur de *Gil Blas* donna cours à sa rancune en feignant d'aller peindre en Espagne des portraits dont l'auteur de *Turcaret* avait fait à Paris les études d'après nature.

Marivaux se plaignit à son tour que ses pièces fussent jouées à la Comédie-Française plutôt selon le goût des comédiens que selon le sien propre. Il enjoint à ceux-ci « de ne pas « trop paraître sentir la valeur de ce qu'ils « disent, de laisser ce soin aux spectateurs. « Mais, ajoute-t-il, j'ai eu beau le répéter aux « comédiens, la fureur de montrer de l'esprit

« a été plus forte que mes très humbles re-
« montrances, et ils ont mieux aimé com-
« mettre dans leur jeu un contresens perpé-
« tuel qui flattait leur amour-propre que de
« ne pas paraître entendre finesse à leur rôle. »
Mlle Lecouvreur, qu'il accuse de devenir pré-
cieuse et maniérée à force de vouloir mieux
faire, lui faisait regretter le charme naturel
et la docilité parfaite de Mme Baletti, sa première *Silvia* de la Comédie-Italienne.

Jusqu'à la moitié du XVIIIe siècle, le jeu
des acteurs constitue à peu près la seule
mise en scène : la disposition matérielle
du théâtre rendait impossible toute illusion
théâtrale. Le public admis sur la scène, les
gens du bel air côte à côte avec les comédiens,
l'espace réservé à ceux-ci singulièrement
réduit par les banquettes sur lesquelles se
pressaient, dans un perpétuel mouvement de
va-et-vient, les spectateurs privilégiés se donnant eux-mêmes en spectacle, telles étaient
les conditions dans lesquelles nos chefs-
d'œuvre classiques furent longtemps représentés. On a peine à se rendre compte aujourd'hui de l'effet que pouvait produire une
semblable représentation.

Lekain fut un des principaux instigateurs

de la réforme qui, rompant avec ces vieilles habitudes, devait, comme il le dit lui-même, « rendre au théâtre toute la majesté et toute l'illusion dont il était susceptible ». La scène une fois devenue libre, le théâtre allait trouver dans le développement de la mise en scène de nouveaux moyens d'action dont Lekain pressentait toute l'importance. Voltaire le secondait dans cette campagne : on peut la suivre dans l'active correspondance qu'échangeaient le poète et le tragédien.

Lekain n'était pas seulement un grand artiste : c'était un esprit très cultivé, très ouvert à toutes choses ; le crédit, la juste autorité dont il jouissait auprès de ses camarades l'avaient mis à la tête de l'administration de la Société. De sa retraite de Ferney, Voltaire traitait avec lui de la représentation de ses ouvrages, de la distribution des rôles, des décors, des costumes, toutes choses dont Lekain se préoccupait beaucoup.

Quelques années plus tard, Sedaine, serrant de plus près la vérité, donnait à la mise en scène un caractère presque *réaliste*.

Beaumarchais, qui fut le précurseur du théâtre moderne, exigea des comédiens, pour la représentation du *Mariage de Figaro*, un luxe de mise en scène, une perfection d'ensemble qui ne furent pas sans influence sur le succès. L'édition du *Mariage de Figaro* de 1785 porte des indications minutieuses sur tous les détails de cet ensemble. La place qu'occupent les comédiens, leurs mouvements au cours de chaque scène, le caractère de chaque personnage, son costume même y sont décrits, et Beaumarchais insiste sur la nécessité de se conformer à ses indications : « Il « est important, dit-il, de conserver les bonnes « positions théâtrales; le relâchement dans la « tradition donnée par les premiers acteurs en « produit bientôt un total dans le jeu des « pièces, qui finit par assimiler les troupes « négligentes aux plus faibles comédiens de « société. »

C'est donc par la force même des choses, par un progrès continu, logique, que la mise en scène a pris une réelle importance dans le théâtre moderne. Ce progrès s'est accompli avec l'assentiment, la complicité du public, sous l'effort combiné des auteurs et des comédiens animés d'un même désir, marchant vers un même but : obtenir du théâtre le plus d'illusion possible, y poursuivre de plus près la vérité.

L'art dramatique n'a pas souffert de ce progrès; car jamais le goût du théâtre n'a été plus développé qu'aujourd'hui, jamais il n'a tenu autant de place dans nos habitudes, dans nos mœurs, et, depuis le grand mouvement littéraire qui marqua la fin de la Restauration, depuis plus d'un demi-siècle, le théâtre en France n'a cessé d'être un admirable foyer de production.

Pendant le cours de ma longue carrière, j'ai eu le bonheur d'être en relations d'intérêt, de travail, d'amitié, avec la plupart des illustres auteurs qui ont le plus contribué à l'éclat de notre théâtre, et dont les productions ont enrichi non seulement nos scènes nationales, mais les scènes étrangères. J'ai eu à diriger successivement des théâtres de genres différents et vu l'art dramatique sous ses expressions diverses. Je me suis fait toujours un devoir de ne pas manquer une répétition à laquelle assistait l'auteur. J'ai donc été témoin et, depuis plus de trente ans, témoin presque quotidien de ce travail si intéressant et si curieux de la mise en œuvre d'une pièce de théâtre. J'ai suivi jour par jour les divers degrés d'exécution par lesquels elle passe avant d'arriver à toute sa puissance, à son entier développement. Que d'heures charmantes employées à ce travail, pendant lequel on perd le sentiment des heures ! Et quels hommes j'ai vus, attelés à cette besogne, y dépenser le meilleur de leurs forces, de leur cœur, les ressources les plus ingénieuses de leur esprit !

Mais, que ces hommes se soient appelés **Scribe, Meyerbeer, Auber, Alexandre Dumas, Halévy, George Sand**; qu'ils s'appellent Victor Hugo, Verdi, Émile Augier, Alexandre Dumas fils, Gounod, Ambroise Thomas, Octave Feuillet, Legouvé, Jules Sandeau, Camille Doucet, Sardou, Vacquerie, Éd. Pailleron, Gondinet, Henri Meilhac, Ludovic Halévy, je les ai tous vus, animés du même souci, donner à la mise en scène de leurs ouvrages une importance capitale, la considérer comme indispensable à l'expression complète de leur pensée. Jamais non plus je n'ai mieux senti le prix de la parfaite union de l'auteur et de ses interprètes, mieux compris quel degré de puissance acquiert l'œuvre dramatique dans ce travail en commun, qu'en le voyant s'accomplir sur la scène du Théâtre-Français par les auteurs les plus illustres et les plus éminents comédiens avec une sollicitude, un dévouement, une abnégation inaltérables.

Je ne sais si le public se rend compte de toute la peine qu'on se donne pour lui plaire. Il n'a d'ailleurs à juger que le résultat obtenu, il applaudit ou il condamne, il accourt ou il s'abstient. Comme il est notre maître, il faut s'incliner devant ses arrêts. Mais en voyant accueillir avec indifférence ou sévérité par des écrivains qui jugent le théâtre en connaissance de cause, qui savent combien c'est un art complexe, combien, avant de paraître, une œuvre a coûté de soins, quelle somme d'efforts elle représente, quelle dépense y a été faite d'aptitudes et de talents divers, je ne puis m'empêcher de parodier un mot célèbre et de dire parfois : « O public! que de jugements légers on porte en ton nom! »

II.

Un homme d'esprit, un érudit, fort expert aux choses du théâtre, M. Henri Lavoix, a eu la fantaisie d'écrire, en 1877, un compte rendu de la première représentation du *Misanthrope*. Le récit est piquant; à défaut d'authenticité, il a de la vraisemblance; mais, naturellement, l'auteur procède par inductions, par conjectures; il écrit sous la dictée de son imagination. Rien ne serait en effet plus intéressant que de remonter ainsi le cours des années, et j'ai été souvent tenté d'entreprendre aussi ce voyage dans le passé. Malheureusement les documents qui peuvent y servir de guides sûrs sont en très petit nombre, très incomplets; ils ont été dédaignés, dispersés, détruits. Que ne donnerait-on pas aujourd'hui de la feuille de contrôle et de la feuille de location, de l'affiche même du 4 juin 1666, si tant est que ces feuilles aient jamais existé, car nos habitudes d'exacte comptabilité n'étaient guère de mise alors.

Il est aisé de suivre les diverses étapes parcourues par la Comédie-Française depuis le jour où, sous le nom de « Comédiens de Monsieur », la troupe de Molière arrivait à Paris, et obtenait, en 1658, de la munificence royale la salle du Petit-Bourbon. La troupe nouvelle devenait ainsi la rivale de deux scènes fort en faveur, l'Hôtel de Bourgogne à qui revient l'insigne honneur d'avoir représenté dans leur nouveauté les chefs-d'œuvre du grand Corneille, et le théâtre du Marais, qui s'était fait surtout une spécialité des pièces dites « à machines ». Dix-huit mois plus tard, en

1660, Molière, contraint d'abandonner le Petit-Bourbon, obtient la salle du Palais-Royal, celle que le cardinal de Richelieu avait élevée pour y faire jouer *Mirame*. Depuis près de vingt ans, cette salle abandonnée s'était endormie dans le silence et dans la nuit. Molière allait la réveiller, et quel réveil! de quelle activité surprenante il allait l'animer, quels prodiges il allait y accomplir!

Le logis n'était pas somptueux. A peine si les comédiens avaient eu le temps d'y faire exécuter les travaux d'appropriation indispensables et qui ne semblaient même que provisoires. La salle, construite, comme il était d'usage alors, dans la forme très défectueuse d'un long parallélogramme, pouvait contenir environ un millier de spectateurs. Au lieu de plafond, une grande toile suspendue par des cordages; quelques lustres de très petite dimension, perçant de leurs points lumineux l'obscurité qu'ils ne parvenaient pas à vaincre; le parterre debout, agité, bruyant, venant s'appuyer sur le mur même de la scène; deux rangs de loges, au fond un petit amphithéâtre; en somme, l'aspect d'une salle de province dans une ville de second ordre, comme il en existait encore il y a quarante ans, voilà le portrait peu flatteur que l'on peut faire de la salle du Palais-Royal, en 1661, d'après les plans qui existent encore et les détails que donne un contemporain, Chappuzeau, dans son *Théâtre François*.

C'est pourtant là que, dans un espace de moins de douze années, se produisit l'incomparable succession de chefs-d'œuvre qui va de *l'École des Femmes* à *Don Juan*, du *Misanthrope* à *Tartuffe*, de *l'Avare* à *l'Amphitryon*, du *Bourgeois gentilhomme* aux *Femmes savantes* et au *Malade imaginaire*. C'est là que Corneille vieilli donnait *Attila*; c'est là que le jeune Racine, accueilli et deviné par Molière, faisait représenter sa première tragédie. C'est sur cette scène que, frappé comme un soldat sur le champ de bataille, Molière ressentit les premières atteintes de la mort. Si elle subsistait encore, cette salle du Palais-Royal où s'élaborèrent tant de merveilles, si modeste qu'elle parût d'aspect, si dénuée de tout ornement, de quelle vénération ne serait-elle pas entourée par tous ceux qui ont le culte du beau langage, de la haute raison, de l'observation profonde, des saines vérités! Comme en un lieu consacré par les pèlerinages, on y viendrait rendre hommage au grand homme dont l'œuvre restera une des plus pures expressions du génie français.

Quelques mois après la mort de Molière, la Compagnie, privée de son chef, quittait la salle du Palais-Royal pour la salle de Guénégaud, située rue Mazarine. Puis, en 1689, la Comédie-Française, définitivement fondée par sa fusion avec la troupe de l'Hôtel de Bourgogne qui avait eu lieu en 1680, se transporte rue des Fossés-Saint-Germain-des-Prés, aujourd'hui rue de l'Ancienne-Comédie. Elle fait là un séjour de plus de quatre-vingts ans ; en 1770, elle est forcée d'occuper, provisoirement, dans le château des Tuileries, la salle dite « des Machines, » où siégea plus tard la Convention. En 1782, elle inaugure le théâtre de l'Odéon, construit expressément pour elle. Enfin, en 1799, elle s'installe rue de Richelieu, dans la salle, primitivement destinée à l'Opéra, qu'elle occupe encore aujourd'hui.

Les points historiques sont donc bien fixés. Il n'en est pas de même quand on cherche à restituer à ces diverses salles leur physionomie spéciale, à bien se rendre compte de leur aménagement intérieur, des ressources de mise en scène dont elles pouvaient disposer, des progrès que chaque changement de résidence devait, à cet égard, nécessairement amener. Presque tous les documents graphiques manquent de la précision que nous recherchons à présent et qui est une qualité toute moderne. Les dessinateurs et les graveurs du xviie siècle et du commencement du xviiie donnaient un peu trop carrière à leur imagination ; ils représentaient les choses plutôt comme ils les concevaient, comme elles auraient dû être, que telles qu'elles étaient réellement. On a gravé beaucoup de décorations théâtrales, mais la plupart de ces planches me semblent présenter le caractère de la fantaisie plutôt que de la vérité.

Il existe, à la Bibliothèque nationale, un document des plus précieux qui n'est pas une œuvre d'art, mais la naïveté même de son exécution démontre sa sincérité absolue. C'est un registre tenu par le décorateur ou plutôt par le chef machiniste de l'Hôtel de Bourgogne ; il porte le nom de son auteur : Laurent Mahelot. Ce manuscrit a dû être commencé vers 1620 ; continué par les successeurs de Mahelot, il embrasse une période de plus de soixante ans et contient la liste des pièces qui formaient le répertoire propre de l'Hôtel de Bourgogne, puis de celles qui s'y ajoutèrent après la réunion des deux troupes au théâtre de Guénégaud. Près de trois cents pièces y sont inscrites; la plupart sont oubliées aujourd'hui; quelques-unes, totalement inconnues, semblent n'avoir jamais été imprimées; mais on y trouve les chefs-d'œuvre de Corneille, de Racine, et le répertoire presque entier de Molière. Les divers accessoires nécessaires à la représentation, les exigences du décor, le nombre des « assistants » réclamés pour la figuration sont scrupuleusement indiqués. Le registre contient en outre 48 dessins exécutés d'une main un peu lourde, mais fidèle, qui reproduisent la plantation exacte du décor, ce que nous appelons aujourd'hui la « mise en état », pour 48 de ces pièces, les plus anciennes. Les successeurs de Mahelot, ne sachant pas comme lui manier le crayon ou le pinceau, ont dû malheureusement s'en tenir aux indications écrites.

L'étude de ces curieux dessins résout un problème qui se présente à l'esprit quand on parcourt les auteurs qui écrivaient pour le théâtre dans la première moitié du XVIIe siècle. Les changements de lieu sont très fréquents dans les pièces de Hardy, de Rotrou, de Scudéry même, qui malmenait si fort Corneille à propos des « unités ». La fameuse scène des comédiens dans le *Saint-Genest* de Rotrou est incompréhensible sans un changement de décor. Comment ces changements s'opéraient-ils ? à l'aide de quels procédés, dans un temps où le théâtre n'avait à son service que des moyens d'exécution très imparfaits ? Le procédé était des plus simples. Le théâtre représentait en même temps les diverses localités dans lesquelles se déroulait successivement l'action.

Voici la description du décor d'une pièce de Hardy, qui n'est pas venue jusqu'à nous, intitulée *la Folie de Clidamant* :

> Il faut au milieu du théâtre un beau palais, et à un des costés une mer où paroist un vaisseau garni de mâts, où paroist une femme qui se jette dans la mer, et à l'autre costé une belle chambre qui s'ouvre et ferme, où il y ait un lit bien paré avec des draps.

Pour *l'Illusion comique* de Corneille, représentée en 1636 :

> Il faut au milieu un palais bien orné. A un costé du théâtre un autre pour un magicien au-dessus d'une montagne ; de l'autre costé du théâtre un parc, etc.

De ces textes, nous ne citons pas les plus bizarres ni les plus compliqués. Les dessins qui les accompagnent sont entièrement conformes à leurs indications. Cette singulière division de la scène, dont un côté appartenait à une partie de l'action dramatique, l'autre côté à une seconde et le fond à une troisième, était un procédé rudimentaire emprunté aux représentations des anciens mystères. Il avait un peu sa raison d'être quand la scène, dressée sur de vastes échafaudages, en plein jour, offrait un développement assez considérable pour que la variété des tableaux simultanément présentés laissât encore une certaine place à l'illusion et ne choquât pas trop le bon sens des spectateurs; mais, dans une salle de dimensions restreintes, sur une scène où l'espace manquait, avec un éclairage des plus incomplets, quelle devait être la confusion, et quelle puissance l'habitude n'a-t-elle pas sur le public, puisque le public d'alors se montrait insensible à ces incohérences, qu'il supportait ces contresens perpétuels de la mise en scène!

Il est vrai de dire que la plupart des œuvres dramatiques que l'on représentait alors ne seraient pas beaucoup plus compréhensibles pour notre esprit que leur mise en scène pour nos yeux. Le théâtre, en France, semble enveloppé d'une sorte d'atmosphère nébuleuse dans laquelle on ne distingue rien avant les éclairs précurseurs de Rotrou et que perce tout à coup d'une éclatante lumière la représentation du *Cid* en 1636. La distance qui sépare Corneille de ses prédécesseurs, c'est la différence de la nuit au jour. Molière acheva l'évolution du théâtre, de la convention vers la vérité ; il y travailla non seulement de toutes les forces de son génie, mais aussi par l'influence ⹀e lui donnait sa situation de maître souverain de la scène et de la troupe du Palais-Royal. Pendant les quatorze années qu'il les dirigea, il fit représenter soixante-quatre ouvrages, dont la moitié appartient à son propre répertoire. A l'exception du *Festin de Pierre,* un peu de *la Princesse d'Élide* et de *Psyché,* peut-être du *Bourgeois Gentilhomme,* aucun de ces ouvrages n'exige le concours de la décoration et de la mise en scène. Et encore ces frais devaient-ils être bien modestes. Le registre de La Grange, qui tient fort exactement les comptes de la Société, mentionne bien rarement des dépenses faites pour les décors et pour le matériel de la scène. Les comédiens se fournissaient eux-mêmes leurs costumes, et La Grange donne à cet égard le total de sa dépense personnelle.

La décoration théâtrale n'eut donc aucune importance sur la scène du Palais-Royal. Était-ce parti pris et dédain prémédité ? Je ne crois pas que l'esprit de Molière ait pu rester fermé à quoi que ce soit de ce qui touche au théâtre. Il devait bien pressentir les ressources nouvelles que pouvait apporter au théâtre l'art de la décoration. On dit même que ce fut lui qui, dans sa fréquente collaboration avec Lulli, eut le premier l'idée de la fondation de l'Opéra, où cet art devait trouver un champ d'action si considérable. Mais Lulli sut faire tourner l'idée d'un autre à son seul profit : l'Opéra ne fut fondé que quelques années plus tard, et, dans l'état où nous venons de voir la décoration au théâtre du Petit-Bourbon, Molière n'avait rien à envier à des scènes rivales ; il préféra, et avec raison, s'en tenir à la perfection de l'ensemble qu'assuraient à son théâtre le succès de ses œuvres, son propre talent de comédien et les artistes supérieurs dont il avait su s'entourer.

Ainsi s'établit cette tradition, qui prit insensiblement la force d'un préjugé, que la Comédie-Française n'avait rien à voir dans l'art de la décoration théâtrale. D'ailleurs, si l'on examine le répertoire du Théâtre-Français pendant plus d'un siècle et demi, on s'explique aisément la raison de cette indifférence. Les pièces qu'on y représentait exigeaient peu de mise en scène : tragédies ou comédies, elles pouvaient toutes, à la rigueur, se jouer dans un décor banal. A celles-là un temple, un palais, une place publique de style grec ou latin à volonté, un bois sacré, un site sauvage, une prison ; à celles-ci quelques salons de rechange, un jardin, une forêt, une place de ville, une rue de village, un intérieur rustique, une salle de fêtes, etc.; avec ce matériel sommaire on pouvait faire face à tout; le goût du public s'arrangeait de cette monotonie et ne demandait pas autre chose. Quelques exceptions vinrent néanmoins confirmer cette règle générale. On eut recours aux décorations et aux machines pour donner plus d'éclat aux reprises de *la Toison d'or*, de Pierre Corneille et de la *Circé*, de son frère. *Les Amans magnifiques, la Princesse d'Élide, Athalie,* jouée pour la première fois sur un théâtre public en 1716, *Esther*, en 1721, semblent avoir été remis à la scène avec une certaine splendeur. Les tragédies de Voltaire furent l'objet de soins tout particuliers. On cita la mise en scène de *Mahomet* et celle de *l'Orphelin de la Chine*; le

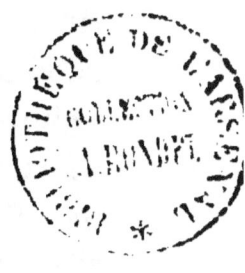

tombeau de *Sémiramis* fut un événement. Les décors du *Mariage de Figaro,* que nous ont fidèlement transmis les dessins de Saint-Quentin, donnent l'idée d'un ensemble supérieur, sous ce rapport, à ce qui se faisait d'ordinaire à la Comédie-Française.

L'art de la décoration s'était, pour ainsi dire, « spécialisé » au théâtre de l'Opéra. C'était à cette scène, à l'exclusion de toute autre, qu'il réservait ses splendeurs. De ces magnificences, si vantées alors, il faudrait bien rabattre aujourd'hui. Le décorateur s'en tenait à la convention pure, à de certaines formules. La dégradation perspective d'un même motif se reproduisant mathématiquement de chaque côté du théâtre, depuis le premier plan jusqu'au dernier, parfois même à l'infini sur le rideau de fond, tel fut longtemps le seul procédé mis en usage; il donnait au théâtre une uniformité et une froideur d'aspect que nous ne supporterions point aujourd'hui; pas plus que l'abus des gloires, des vols, des dragons ailés, tout ce bagage suranné dont le moindre inconvénient était le manque de proportion de ces machines avec le plan où elles évoluaient. Était-il possible d'ailleurs d'arriver à un degré d'illusion satisfaisant avec les moyens d'éclairage dont on disposait alors? « Devant que les chandelles soient allumées », ainsi parle le Mascarille des *Précieuses ridicules;* — « J'avais résolu de ne les faire voir qu'à la chandelle », dit Molière lui-même en parlant de cette même pièce. Soixante ans plus tard, en 1719, le Théâtre-Français était toujours éclairé à la chandelle. Un état quotidien dressé par le préposé à l'éclairage et conservé dans nos Archives, donne en détail le dénombrement de ces chandelles. Elles étaient, pour la salle, pour la scène et toutes leurs dépendances, au nombre de 268, pesant ensemble 40 livres et coûtant 21 francs.

En 1783, il y avait eu un progrès. La seule rampe du Théâtre-Français était éclairée par 128 bougies de cire. « MM. les Comédiens « François », dit l'auteur d'un mémoire qui leur est adressé pour solliciter l'entreprise de l'éclairage à la Comédie, « semblent persuadés « que la déclamation qui leur est particulière « pour la tragédie ne peut se prêter à l'usage « de l'huile parce que la fumée leur porterait « à la gorge et à la poitrine. La rampe du « théâtre de l'Opéra, ajoute le même mé« moire, est éclairée par des biscuits (sorte de « lampions) de huit mèches et en huile de

« pied-de-bœuf, faisant ensemble 800 mèches
« environ, dont chacune donne une fois plus
« de lumière qu'une bougie. » Les chanteurs
étaient donc, en 1783, d'humeur plus accommodante que les tragédiens, car la rampe de l'Opéra devait vraisemblablement exhaler une puanteur et une fumée insupportables. Nous voilà loin de la rampe électrique et des 8,500 becs de gaz qui éclairent aujourd'hui la salle de M. Ch. Garnier et nécessitent une dépense de 1,300 francs par représentation.

Mais si les décorations de Torelli et de Vigarani, qui émerveillèrent tout le XVIIe siècle, n'étaient éclairées qu'à la chandelle, il n'en est pas moins vrai que ces artistes apportaient d'Italie, où il florissait alors, un art nouveau qui devait devenir un art essentiellement français et dans lequel nous avons gardé depuis une incontestable supériorité. Outre les praticiens habiles qui n'ont cessé de travailler pour l'Opéra, et dont le nom a disparu avec les œuvres, on peut citer des artistes célèbres qui lui prêtèrent aussi leur concours : Bérain ; les Parrocel ; Servandoni, l'élève de Panini, dont le musée du Louvre possède des chefs-d'œuvre ; François Boucher ; le sculpteur Slodtz ; Joseph Vernet ; Isabey, l'ordonnateur attitré de toutes les fêtes du premier empire; Degotti; Cicéri, qui fut un novateur et un maître par l'initiative duquel l'art de la décoration allait subir une véritable transformation.

Le mouvement romantique, en introduisant au théâtre le drame historique, ses somptueuses mises en scène, ses recherches de la couleur locale, son sentiment du pittoresque, devait exercer et exerça une grande influence sur l'art de la décoration. Le terrain, d'ailleurs, était admirablement préparé. Dans l'atelier de Cicéri s'était formée toute une génération d'artistes remarquables : Séchan, Feuchères, Diéterle, Cambon, Desplechin; de l'atelier de Philastre allait sortir Joseph Thierry. A ce même moment, Daguerre entraînait tout Paris à ses fameux dioramas de la *Vallée de Goldau* et de la *Messe de minuit dans l'église Saint-Étienne-du-Mont*. C'était la décoration théâtrale appelant à son aide et disciplinant la vraie lumière. Daguerre s'étudiait ainsi à en pénétrer tous les secrets, si bien que la lumière finit par se laisser surprendre et qu'il en fit son associée, son esclave docile dans l'admirable découverte qui a immortalisé son nom.

L'étude de la nature, le sentiment de la vérité intervenant dans un art où la convention avait jusqu'alors régné en souveraine, devaient en changer l'idéal et le modifier profondément jusque dans ses procédés. Aux froides combinaisons de la perspective, à la sécheresse des détails succèdent la préoccupation de l'harmonie générale, la justesse de l'effet, le charme ou la vigueur du coloris. La palette du décorateur gagne singulièrement en puissance ; elle semble parfois, sur les vastes surfaces qu'elle a à couvrir, dans ses ciels inondés de lumière ou assombris par les nuages, dans ses eaux profondes, à l'ombre de ses arbres dont le feuillage paraît frissonner sous le vent, jeter un audacieux défi à la nature, non seulement par les proportions, mais aussi par la puissance des reliefs et la magie de l'illusion.

Trois artistes se distinguèrent entre tous, et, si l'on écrit jamais l'histoire d'un art qui ne me semble pas estimé selon son mérite, leurs noms seront certainement placés au premier rang : je veux parler de Cambon, de Desplechin et de Joseph Thierry.

L'imagination, le savoir, la fécondité d'invention, l'imprévu et le bonheur des combinaisons faisaient de Cambon un homme incomparable dans son art. Il savait par cœur tous les styles, il avait la divination de toutes les époques et de tous les pays, il unissait la hardiesse des conceptions fantastiques de Bibiena à un goût sûr qui ne s'écartait jamais du bon sens et de la vérité. Il excellait à donner la sensation de l'immense dans un espace réduit, témoin l'église de *Faust* et la cathédrale du *Prophète*. L'auteur de tant de merveilles, celui dont l'invention inépuisable avait évoqué tant de magnificences, construit tant de palais pour les Fées et pour les Génies, est mort pauvre, laissant dans ses portefeuilles quelques milliers de dessins et projets qui résumaient l'œuvre de toute sa vie et qui, mis en vente publique, ont à peine trouvé de tièdes enchérisseurs

La correction, la pureté de style étaient le caractère propre des œuvres de Desplechin. On le reconnaissait à la composition savante de ses paysages, qu'auraient signés parfois Claude ou Le Poussin, à la belle ordonnance de son architecture, à la simplicité sereine de son coloris. Desplechin peignit pour *les Huguenots* les jardins de Chenonceaux, pour *le Prophète* l'acte des patineurs, pour *Hamlet* la mort d'Ophélie.

Joseph Thierry fut le peintre décorateur par excellence. Entre ses mains, la peinture à la détrempe prenait une vigueur, un éclat, une transparence incomparables. La rapidité, la fougue de l'exécution amenaient sous sa brosse tous les bonheurs et semblaient se jouer de toutes les difficultés. Avec cela, un sentiment d'une exquise finesse, l'imagination rêveuse d'un poète, ce je ne sais quoi qui, dans tous les arts, émeut et charme. Qui ne se souvient du premier *Jardin de Marguerite,* que Joseph Thierry peignit pour le Théâtre-Lyrique, lorsque *Faust* y fut représenté pour la première fois ? Ce petit jardin, abrité sous les hautes tours de l'église, baigné des reflets d'une si douce lumière, où tout semblait vivre et palpiter, cette modeste maison qu'on eût crue dessinée par le crayon d'Albert Dürer, on a souvent essayé de les refaire, on n'y est jamais parvenu. Les « moulins de Dordrecht », la « place publique de Munster » qu'on admirait tant dans *le Prophète,* la forêt de *Giselle* se reflétant dans le miroir des eaux, c'est encore la main de Thierry qui les peignit. Il fut, pendant plus de dix ans, le collaborateur assidu de Cambon, et la réunion de ces deux artistes supérieurs a été l'expression la plus complète de la décoration moderne.

Que sont devenus tant de chefs-d'œuvre et tant de souvenirs? Hélas! de l'art du décorateur comme de l'art du comédien il reste bientôt peu de traces. Leur œuvre à tous deux est voué à une destruction prochaine ou à un prompt oubli. Je ne puis me rappeler sans un profond regret ces œuvres englouties dans le dernier incendie de l'Opéra et qui eussent été dignes d'être conservées dans quelque gigantesque musée!

La Comédie-Française n'avait pu rester étrangère au mouvement qui entraînait tous les théâtres vers le développement de la mise en scène. *Henri III* et *Hernani* réclamaient de beaux décors et de riches costumes. M. le baron Taylor présidait alors aux destinées du Théâtre-Français. Le baron Taylor était un artiste et un curieux; il n'avait pas seulement écrit quelques drames pour les théâtres du boulevard, il avait fait sur une petite scène, construite sur ses plans, aux environs de la Bastille, si je ne me trompe, un essai de décorations circulaires, tentative assez malheureuse, mais qu'il ne rappelait pas sans un certain orgueil. Il avait l'instinct et le goût de la mise en scène. Son initiative avait ouvert les portes du Théâtre-Français à Alexandre Dumas et à Victor Hugo; il leur fit du mieux qu'il put — la Comédie n'était pas riche alors — les honneurs de la cour des Valois et du triomphe de Charles-Quint. D'autres grands drames vinrent ensuite, et avec eux l'action, la vie, la fortune meilleure : *Louis XI, le Roi s'amuse, les Enfants d'Édouard, Chatterton, Angelo, Caligula, les Burgraves.*

Le Théâtre-Français prit ainsi l'habitude de donner à chaque pièce nouvelle sa physionomie propre, son air ambiant pour ainsi dire; il s'accoutuma peu à peu à rendre la décoration plus conforme au lieu, au temps où se passe l'action dramatique, aux sentiments qui y dominent. Cette vraisemblance physique nous est nécessaire aujourd'hui; c'est une espèce d'unité à laquelle nous sommes sensibles et qui remplace les autres unités, auxquelles nous ne tenons plus guère. Mais c'est seulement sous l'administration de mon prédécesseur, M. Édouard Thierry, que la Comédie-Française entra résolument dans cette voie. M. Édouard Thierry était le frère de l'éminent artiste dont je rappelais tout à l'heure le nom et les travaux; il avait naturellement en grande estime un art que son frère pratiquait avec une telle supériorité. Il savait mieux que personne ce que le théâtre moderne réclame de soins attentifs, combien il importe que le spectateur soit favorablement prévenu par la recherche de tout ce qui peut accroître son illusion, rendre son émotion plus complète et plus vive. Les magnifiques décors qu'il fit exécuter pour les reprises d'*Hernani*, d'*Esther*, tant d'autres encore qu'il demanda à son frère, à Cambon, et aux plus habiles de nos décorateurs témoignent de son grand goût. Je n'ai fait, à cet égard, que me conformer à son exemple, et suivre les errements qu'il avait tracés. Nous avons été animés tous les deux d'une même conviction, c'est que la Comédie-Française doit servir de modèle à tous les autres théâtres et, sous aucun rapport, ne rester inférieure à quelque scène que ce soit.

En citant tout à l'heure les noms des artistes contemporains dont les travaux ont le plus honoré l'art de la décoration théâtrale, je me suis arrêté à ceux que la mort nous a ravis il y a quelques années. La chaîne des décorateurs habiles ne s'est pas interrompue pour cela. D'autres continuent dignement la tâche de leurs devanciers. A leur tête marchent : Albert Rubé qui, entré presque enfant dans l'atelier de Cicéri, poursuit depuis plus de cinquante ans une carrière infatigable, couvrant des arpents de toile sans que son invention soit moins féconde, sans que sa main ait rien perdu de sa fermeté; Chéret, pris par la mort en plein travail, en pleine vigueur, comme son maître Joseph Thierry, dont il reproduisait en partie les plus précieuses qualités; Chaperon; Carpezat, l'élève préféré de Cambon; Lavastre jeune, formé par l'exemple et la collaboration de Desplechin, et qui peut prendre rang parmi les décorateurs les mieux doués, les plus érudits et les plus complets. Les noms de ces modestes et laborieux artistes ne sont point assez connus du public. Par l'organisation de leurs ateliers, par leurs procédés techniques, par la simplicité de leur vie, ils semblent appartenir à une époque plus ancienne que la nôtre. Leurs travaux sont assez maigrement rétribués, les encouragements ou les distinctions de l'État leur sont accordés avec beaucoup de réserve. Il serait à désirer que l'administration des Beaux-Arts se préoccupât davantage de l'avenir d'un art tout spécial, dont les adeptes se recrutent difficilement, dont il importe de maintenir la supériorité, parce qu'il est étroitement lié aux plaisirs du public et à l'art dramatique, un des éléments de notre gloire nationale.

En dehors de la décoration proprement dite, un élément nouveau s'est ajouté depuis quelques années à la mise en scène des pièces modernes et lui a donné un caractère tout spécial de « réalité ». Au peintre s'est adjoint le tapissier. On joue maintenant dans de vrais salons, encombrés de vrais meubles et des mille objets de fantaisie dont se compose notre ameublement. Ce procédé passe pour être dû à l'initiative de M. Sardou; on l'a même souvent raillé à ce sujet; on l'a représenté entouré d'une armée de tapissiers, au milieu de meubles et de sièges de formes variées qu'il essaye, qu'il choisit, qu'il place lui-même, auxquels il assigne presque un rôle dans les diverses scènes pour donner à chacune d'elles plus de vérité. Il se peut, en effet, que M. Sardou, qui n'est pas seulement un éminent auteur, mais aussi un curieux et un homme de goût, apporte un soin méticuleux à la mise en scène de ses ouvrages. C'est qu'il estime probablement que le public doit retrouver sur la scène la reproduction matérielle de nos habitudes. Avant lui, d'ailleurs, l'habile directeur à qui le théâtre du Gymnase fut redevable, pendant de longues années, d'une prospérité non interrompue, et grâce à laquelle ce théâtre exerça une influence notable sur la comédie moderne, M. Montigny, avait déjà habitué le public à cette mise en scène intime. Du temps de Molière, les six fauteuils qui sont nécessaires pour jouer la grande scène du deuxième acte du *Misanthrope* étaient une témérité de mise en scène : « Il faut six fauteuils », dit le registre de Mahelot. Nous sommes loin de ce temps, et la partie matérielle du théâtre s'est fort compliquée aujourd'hui. C'est que nous ne savons plus être simples ; tout est compliqué dans notre vie. Comment le théâtre ne serait-il pas, jusque dans les accessoires de la représentation, l'image de nos travers, de nos exagérations, de nos ridicules, et ne peut-on pas dire avec raison que, si le tapissier tient une trop grande place dans la mise en scène de nos comédies, c'est que la recherche et le luxe de l'ameublement ont pris une place excessive dans notre vie?

III

On se ferait une bien fausse idée de ce qu'était autrefois le costume au théâtre, si l'on en jugeait par ce qu'il est à présent. Il n'est plus un seul de nos grands théâtres — je ne parle pas de l'Opéra, qui a toujours attaché des artistes distingués au département de ses costumes, — il n'est pas même une seule de nos scènes secondaires qui n'ait un dessinateur attitré, chargé de présider à l'ensemble de ce service. L'organisation des anciens théâtres ne présentait rien d'analogue, l'unité y faisait complètement défaut. Chaque comédien s'habillait selon son gré ; sa garde-robe lui appartenait en propre. Les uns pouvant fournir généreusement à la dépense de leurs ajustements, les autres étant contraints d'y apporter une stricte économie, il devait se produire fréquemment des effets assez disparates et un manque complet d'harmonie. Nous nous préoccupons aujourd'hui de donner au costume de chaque personnage son caractère historique, de le rapprocher, autant que possible, sinon de la vérité, du moins de la vraisemblance. Ce souci n'existait pas autrefois. Non seulement toute recherche historique, mais le goût, le simple bon sens étaient absolument étrangers à ce que l'on appelait alors un « habit de théâtre ».

C'est par les fêtes données, vers la fin du XVI° siècle, dans les résidences royales ou dans les châteaux princiers, que la vogue des représentations théâtrales s'était inaugurée en France. Des récits pompeux nous sont restés de quelques-unes de ces fêtes. On paraît y avoir déployé un luxe extraordinaire et des prodigalités de toute sorte. La magnificence des costumes qui y sont décrits nous transporte en plein royaume de féerie. Ce n'est que brocart d'or, satin couleur de soleil, perles, diamants, pierreries. Comme dans les contes arabes, les arbres des jardins portent des fruits d'émeraude et de rubis. Les théâtres publics, et c'est de ceux-là seulement que j'ai à m'occuper, ne pouvaient être qu'un bien pâle reflet de toutes ces splendeurs. Mais le costume de théâtre conserva longtemps la trace de cette origine. Dans les pastorales, qui furent si fort en faveur sous les règnes de Henri IV et de Louis XIII, tous les personnages, héros, princes ou bergers, gardent la large fraise ou le col de dentelle, le justaucorps et le haut-de-chausses enrubannés ; les Cidalises et les Clélies sont habillées selon la dernière mode de la cour d'Anne d'Autriche ; elles portent le corsage à basques, la taille courte, la traîne étroite des élégantes d'Abraham Bosse, ou l'habit cavalier, le chapeau à larges bords, ombragé de plumes, que nos peintres ont si souvent prêtés à la grande Mademoiselle.

Trois types de costumes distincts pouvaient alors défrayer à eux seuls toute la garde-robe d'un comédien : l'habit au goût du jour, l'habit à l'antique, accoutrement bizarre et tout de convention ; l'habit à l'espagnole, très nécessaire à ce moment où l'Espagne était si fort en faveur chez nous par ses romans et par son théâtre. C'est cet habit à l'espagnole que portaient don Diègue, Rodrigue et le roi don Alphonse quand *le Cid* fut représenté pour la première fois. Pourtant, l'action dramatique du *Cid* nous reporte au XIIe siècle. Ces rudes guerriers que nous peignent les Romanceros, qu'on retrouve sur leurs pierres tombales vêtus de la camisole de mailles, de la dalmatique armoriée, les mains croisées sur de larges glaives, coiffés de l'armet d'acier, parurent sous le riche et galant costume de la cour de Philippe IV, en pourpoint de velours ou de satin, le manteau court relevé sur l'épaule, au côté la fine rapière à large coquille. Si l'on veut avoir une idée juste de la première mise en scène du *Cid,* il faut donc songer aux portraits de Rubens et de Velazquez, feuilleter les planches de Callot et de Goltzius, et, pour plus d'exactitude encore, l'œuvre si curieux de Crispin de Pas, dans lequel revivent tous les personnages marquants de la cour de France à la date de 1625, et dont s'est si judicieusement inspiré notre grand sculpteur Rude pour la statue en argent du jeune roi Louis XIII, que lui avait commandée le duc de Luynes. C'est ce même habit à l'espagnole dont s'empara vite la caricature pour en faire le « Capitan » et le « Matamore »; il traversa plus d'un siècle et demi à la Comédie-Française sans altérations bien sensibles, et nous le retrouvons en 1784, un peu modifié par le goût du temps, mais au fond à peu près le même, porté par Almaviva dans *le Mariage de Figaro.*

Il serait superflu d'insister sur cet anachronisme constant du costume tragique soumis, pendant près de deux siècles, à toutes les variations et à toutes les exagérations de la mode. Nous sommes habitués, presque dès notre enfance, à vivre dans une sorte d'intimité avec ces merveilleuses créations où le génie de nos grands poètes classiques a résumé, dans un langage sublime, les plus nobles des passions et des sentiments de l'humanité. Quand notre esprit évoque le souvenir de Pauline, de Camille, d'Émilie, d'Andromaque, de Junie, d'Iphigénie, de Monime, de Phèdre, nous les voyons passer vêtues de la longue tunique des vierges grecques que Phidias a sculptées sur les frises du Parthénon. Ce n'est pas ainsi qu'elles parurent pour la première fois sur la scène française. Cinna et Auguste, Pyrrhus et Oreste portèrent d'abord la longue perruque à la Louis XIV, puis la perruque poudrée de Louis XV et de Louis XVI. C'est sous le costume de cour, si favorable à l'altière beauté de Mme de Montespan, à la beauté languissante de Mlle de Fontanges, que Mlle d'Ennebaut « créa » les rôles d'Aricie et d'Ériphile, la Champmeslé ceux d'Iphigénie, de Phèdre et de Monime. La « fille de Minos et de Pasiphaé » portait une robe de velours amarante brodée d'entrelacs d'argent, le haut diadème surmonté de plumes, enrichi de diamants ; Hippolyte était vêtu d'un riche habit à la romaine, semblable à celui que le Roi-Soleil s'était fait dessiner par Bérain pour danser le ballet des *Saisons*.

Les grands tragédiens et les tragédiennes célèbres se succédaient néanmoins sous cet étrange accoutrement, à de certains intervalles, il est vrai, car les grands artistes tragiques ont, de tout temps, été très rares. On en dresserait aisément la liste, de Mondory à Talma, de Mlle de Beauchasteau à Mlle Rachel : vingt noms à peine y suffiraient pour plus de deux siècles. Mais les noms seuls sont restés, et c'est une chose digne de remarque que le petit nombre de portraits authentiques de ces artistes, qui eurent pourtant leur heure de célébrité. De la troupe de Corneille, de la troupe de Racine, nous ne connaissons personne, sauf Montfleury et Baron ; aucun portrait n'existe de Mlle Duparc ni de la Champmeslé, ou du moins n'est connu pour tel, et, jusqu'aux premières années du XVIIIe siècle, cette absence de documents précis forme une lacune très regrettable dans l'histoire du théâtre.

A dater de ce moment, le jour se fait et la tâche devient plus aisée. Deux actrices, célèbres pendant les dernières années du règne de Louis XIV et sous la régence de Philippe d'Orléans, nous ont laissé non seulement le souvenir de leur talent, mais l'image fidèle de leur beauté : Mlle Duclos et Adrienne Lecouvreur revivent à nos yeux dans deux beaux portraits peints, l'un par Largillière, l'autre par Charles Coypel. Le portrait de Mlle Duclos la représente dans le costume d'*Ariane*; ce tableau a été légué par elle à la Comédie-Française, et il en existe une répétition dans le château de M. le baron de Rothschild, à Ferrières. Largillière l'a représentée à l'âge qui n'est plus la jeunesse, mais où la beauté de la femme atteint souvent son complet développement, le sourire aux lèvres, les bras étendus, entourée d'un essaim d'amours qui voltigent autour d'elle. Comme beaucoup d'artistes alors, Mlle Duclos jouait la tragédie et la comédie; c'est plutôt pour la comédie qu'elle semblait faite, si l'on en croit son portrait, et on dit, en effet, qu'après les débuts de Mlle Lecouvreur, elle abandonna presque tout le répertoire tragique à sa jeune rivale. Le beau portrait d'Adrienne Lecouvreur par Coypel a été popularisé par la gravure de Drevet. Je n'ai jamais vu l'original, mais seulement une assez médiocre copie qu'on avait offerte il y a quelques années à la Comédie-Française. Cet original existe-t-il encore? On en a cherché souvent, sans le découvrir, l'heureux possesseur. Cette toile serait aujourd'hui d'un prix inestimable : la légende s'est emparée du nom d'Adrienne Lecouvreur, tout ce qui la concerne excite un intérêt et une curiosité passionnés. En la contemplant, telle que l'a peinte Coypel, sous les voiles de deuil de la veuve de Pompée, tenant entre ses mains l'urne funéraire, levant vers le ciel ses yeux chargés de larmes, on est saisi par l'admirable expression de son visage, par la noblesse de l'attitude, par le charme de toute la personne, et l'on comprend bien le prestige singulier que cette grande artiste exerça sur ses contemporains, puisque sa mémoire seule l'exerce encore sur nous. L'ajustement est à peu près le même dans les deux portraits, très différents par le caractère : une robe de velours, dont le corsage demi-montant laisse au buste toute sa souplesse, les bras nus s'échappant de longues manches flottantes, une ceinture de pierreries dessinant la taille, les cheveux poudrés relevés sur le front et retombant mollement sur les épaules; ce n'est pas assurément ainsi qu'étaient vêtues Ariane ou Cornélie à Alexandrie ou à Naxos, mais c'est un costume de théâtre dont la convention ne manque ni de goût, ni d'élégance, ni d'une certaine majesté.

Sous Louis XV, le costume tragique tombe tout à fait dans le ridicule. Non seulement les paniers donnent aux robes des femmes un développement extraordinaire, mais les ornements de toute sorte, les lambrequins, les franges, les glands, l'entrecroisement d'étoffes diverses, l'échafaudage des coiffures en font un harnachement tout à fait singulier. Les hommes mêmes, jaloux de l'ampleur des paniers, adoptent le tonnelet, qui n'en est qu'une réduction. Sarrazin, Quinault-Dufresne, Beaubour, Lekain lui-même se condamnent à cet étrange affublement. A ce moment aussi florissaient deux tragédiennes dont la rivalité, comme celle de Gluck et de Piccini, souleva des orages : Mlle Dumesnil et Mlle Clairon firent souvent assaut, non seulement de talent, mais d'extravagance dans les toilettes. Les portraits de Marie Leczinska par Tocqué, de Mme de Pompadour par Latour peuvent donner une idée du costume sous lequel paraissaient Athalie, Clytemnestre, Agrippine, Mérope, Ériphile, Hermione, Didon, Aménaïde; encore les habits des tragédiennes étaient-ils autrement somptueux que ceux de la Reine ou de la favorite.

La réforme du costume était devenue nécessaire par ces exagérations mêmes. Elle fut pourtant très lente, très difficile, et, comme beaucoup de choses, l'œuvre patiente et inconsciente du temps. Elle était demandée par tous les esprits judicieux et par les critiques les plus autorisés. Marmontel se fit l'énergique champion de cette bonne cause, mais il prêcha longtemps dans le désert. On a dit souvent que Lekain et Mlle Clairon donnèrent l'exemple de cette réforme; ils y ont contribué peut-être, mais leurs premiers essais furent bien timides en comparaison de ce qu'il y avait à faire. Il est peu d'artistes dont les traits et l'image aient été aussi souvent reproduits par tous les arts, sous toutes les formes, dans autant de rôles, et je ne vois pas que leurs habits de théâtre différassent essentiellement des habits de leurs contemporains. Lekain est toujours représenté dans des ajustements d'un goût bien étrange; et, quant à Mlle Clairon, dont le costume dans Électre faisait pousser à Voltaire des cris d'admiration, en voici le croquis fait d'après nature : « Un œil de poudre, une robe noire, pas de rouge, et des chaînes..... c'est admirable! » Admirable, je le veux bien; mais la robe était de soie, avec des manches à l'Amadis, et que dire de l'œil de poudre pour la fille d'Agamemnon?

C'est à Talma seul qu'il faut faire honneur de la réforme du costume tragique. Il y fut aidé par David, dont l'influence était alors souveraine dans les arts. C'est donc vers la fin du XVIII⁰ siècle et le commencement du nôtre que les représentations des chefs-d'œuvre tragiques prirent l'aspect qu'elles ont aujourd'hui. Mais l'école de David voyait l'antiquité à un seul point de vue, et trop absolu. La statuaire n'est qu'une forme de l'art qui a, comme toutes les autres, son idéal propre, ses règles et ses conventions. Il est certain que les pièces d'Aristophane, les tragédies d'Euripide ou de Sophocle ne se jouaient pas devant des spectateurs en costume de statue, et que les citoyens assemblés dans l'Agora pour y exercer leurs droits politiques étaient plus chaudement vêtus que l'Achille ou le Gladiateur.

Il y a dans l'antiquité tout un côté humain, vivant, pittoresque, frivole même, témoin les charmantes figurines de Tanagra, que nous avons appris à étudier et à connaître, qui échappait à l'école classique de David. On tomba donc d'un excès dans l'autre, et la froide rigidité de la mise en scène tragique ne fut pas pour donner de l'attrait à des chefs-d'œuvre que tout le monde admire, mais vers lesquels le public ne s'empresse que lorsqu'il y est sollicité par la présence de quelque artiste exceptionnel. De là les intermittences, les alternatives de vogue ou d'abandon auxquelles le répertoire tragique a, de tout temps, été soumis. Je croirais même volontiers que l'adoption du costume antique a créé une difficulté nouvelle; car, à toutes les qualités qu'on attend de l'acteur tragique — la puissance de l'organe, l'art de la diction, l'emportement de la passion — le costume antique exige encore qu'il ajoute le prestige de la beauté physique et les belles proportions de toute sa personne.

Après Talma, Rachel fut la dernière grande personnification de l'art tragique. Elle en portait admirablement le costume. La nature l'avait faite princesse ou reine par l'harmonie de sa démarche, la sobriété de son geste, la majesté simple de son maintien. Ses épaules un peu maigres donnaient une grâce sans pareille aux plis du peplum grec ou du pallium romain. Et pourtant, combien il est difficile que le costume, au théâtre, s'affranchisse absolument de toute convention! Quand on regarde les reproductions faites d'après les épreuves daguerriennes — la photographie n'existait guère encore — qui représentent Rachel dans ses différents costumes, un œil attentif peut aisément y découvrir certaines concessions faites malgré elle, à son insu, au goût de la mode de 1840 à 1852.

Je ne voudrais pas comparer les artistes présents à d'aussi illustres devanciers (je ne traite ici que du costume), mais je ne crois pas que le costume tragique ait jamais été mieux porté qu'il ne l'est quelquefois par M. Mounet-Sully. Je ne suis pas toujours d'accord avec cet artiste, et il me semble parfois qu'il n'emploie pas aussi bien qu'il le pourrait faire les dons les plus merveilleux que la nature ait départis à un tragédien, mais il possède l'art de se costumer : dans les rôles d'Œdipe, d'Oreste, d'Hippolyte, il touche à la perfection. Ce sentiment très rare du grand art existait aussi chez Mme Sarah Bernhardt; les nobles draperies lui allaient mieux que tout le tapage des toilettes modernes, et sa mort était plus touchante dans Phèdre ou dans Zaïre que dans Frou-Frou ou Fœdora. Je me souviens qu'un soir, pendant une représentation d'*Andromaque*, Mme Sarah Bernhardt fut prise d'une de ces crises nerveuses auxquelles elle est malheureusement sujette. On fut obligé d'interrompre la représentation. Elle était dans un des petits foyers voisins de la scène, étendue sans connaissance, secouée de spasmes terribles. Il fallait la transporter dans sa loge. M. Mounet-Sully, qui jouait Oreste, la saisit dans ses bras vigoureux et l'emporta comme il eût fait d'un enfant. Il montait, calme, dans les longs plis de sa tunique blanche, attentif à son frêle et précieux fardeau ; la pauvre Andromaque, enveloppée de ses voiles noirs, les cheveux épars, le sang à la bouche, semblait, soulevée par une force irrésistible, traverser l'espace emportée par un dieu. Ce n'étaient plus deux comédiens répétant une scène apprise et des effets calculés ; c'était la vérité même. On eût cru assister à quelque scène inédite d'un drame terrible contemporain d'Eschyle ou d'Euripide. J'ai toujours regretté qu'un de nos grands artistes, peintre ou sculpteur, ne se soit pas trouvé là pour saisir sur le vif cet étonnant tableau.

La comédie eut beaucoup moins à souffrir que la tragédie de ces incessantes variations du costume, bien qu'elle n'en soit pas restée tout à fait exempte. La comédie s'était placée tout de suite sur le terrain plus solide de la vérité. Molière peignait les hommes d'après nature, tels qu'ils étaient, et portant les habits de leur temps. Les premières éditions des œuvres de Molière sont ornées de gravures assez médiocres, qui représentent les acteurs dans des costumes très simples, plus simples, je crois, qu'ils ne furent en réalité. L'inventaire des costumes de théâtre appartenant à Molière, dressé après sa mort, constate au contraire une certaine élégance, même dans les rôles qui semblent le moins en demander : le costume d'Harpagon est de « satin doublé de tabis », et cela est bien dans le goût du temps. Le théâtre emportait toujours avec lui une certaine idée d'apparat; les comédiens traitaient le public avec trop de déférence pour ne pas lui faire honneur, jusque dans leurs ajustements. D'ailleurs, la plupart des comédies de Molière, ayant paru pour la première fois devant la Cour, conservaient toujours quelque chose de la solennité de ces représentations. Le grand répertoire se jouait donc avec une grande richesse de costumes, et le roi Louis-Philippe était absolument dans le vrai lorsque, pour une représentation de gala donnée à Versailles, en 1837, il voulut que le *Misanthrope* fût joué avec les costumes de Cour du temps de Louis XIV. Ce fut alors une hardiesse et une nouveauté.

Dès le commencement du xviii° siècle, les habits à la mode du temps de Molière paraissaient surannés. Le costume Louis XIV tombe peu à peu en discrédit, puis tout à fait en désuétude. Les rôles marqués, les Orgon, les Chrysale, les Géronte, gardèrent le grand habit à basques carrées, mais les amoureux et les premiers rôles, les Valère, les Damis, les Cléante, Horace, Clitandre, Don Juan, Philinte, Alceste même prirent les modes de Louis XV, puis celles de Louis XVI. Les dessins de Boucher faits pour l'édition des *Œuvres de Molière* de 1734, ceux de Moreau le jeune pour l'édition de 1773, témoignent de ces modifications successives du costume sur la scène du Théâtre-Français. Il était admis qu'on ne tenait aucun compte de l'époque à laquelle une pièce avait été écrite et représentée pour la première fois. Comme les personnages de Molière, ceux de Regnard, de Le Sage, de Marivaux portèrent l'habit de cour de Louis XVI et même celui des premières années de l'Empire. Sur ce pied-là, on allait tout droit à jouer Molière en habit de ville ou en frac. Par suite d'une circonstance imprévue, il est vrai, cela eut lieu, il y a quelque vingt ans, à Bade, dans une représentation donnée devant le roi Guillaume et la reine Augusta. Leurs Majestés avaient témoigné le désir de voir jouer *Tartuffe* par quelques-uns des plus éminents sociétaires de la Comédie-Française qui se trouvaient réunis à Bade en ce moment. On fit en grande hâte demander les costumes à Paris. Mais ils n'arrivèrent pas à temps pour le jour fixé. Les comédiens prirent le parti de jouer en toilette de soirée. L'épreuve était très curieuse, et l'effet de la représentation fut considérable.

Nous cherchons aujourd'hui à rendre autant que possible aux pièces de l'ancien répertoire leur physionomie primitive, leur aspect historique, pour ainsi dire. Nous pouvons donc apprécier à quel point il eût été désirable que la tradition du costume se fût fidèlement transmise dès l'origine, tandis qu'au contraire chaque génération de comédiens a semblé prendre à tâche d'altérer progressivement cette tradition et d'y semer plus d'incertitudes. Même pour les types que Molière avait empruntés à la Comédie italienne et dont le nom seul devrait définir l'habit, tout est vague et indécis. Quel costume portait le Scapin des *Fourberies* en 1671 ? Ce n'était pas assurément celui qu'il porte aujourd'hui. Le manteau court, le pourpoint, les chausses, la toque à larges bandes rouges ou bleues appartiennent au Mezzetin, non au Scapin, et Molière connaissait trop bien la Comédie italienne pour commettre une semblable erreur. Les comédiens français et les comédiens italiens vécurent longtemps dans une étroite intimité. Pendant treize ans, les deux compagnies partagèrent le même théâtre, chaque troupe ayant ses jours attitrés pour chaque semaine. Une légende, un peu romanesque peut-être, veut même que Molière ait reçu les conseils du fameux Scaramouche, qui était un homme de savoir et un admirable comédien. C'est — dit-on aussi — d'après le Scaramouche que Molière composa le type de Sganarelle, pour lequel il avait une affection si particulière, qu'il le plaça dans six de ses pièces; il semble même en avoir composé l'habit d'une sorte de compromis entre le Scapin et le Scaramouche de la Comédie italienne.

C'est sous cet habit de Sganarelle que Molière a été le plus souvent représenté, notamment dans la gravure de Simonin, qui doit être de 1661 ou 1662, dans le joli frontispice gravé par Chauveau pour l'édition de 1664, et dans le « tableau des Farceurs » qui est au foyer des comédiens du Théâtre-Français. La coupe et les détails du costume sont les mêmes pour les différents Sganarelle, celui du *Cocu imaginaire* et de *l'École des Maris*, celui du *Mariage forcé* ou de *l'Amour médecin*, de *Don Juan* ou du *Médecin malgré lui*. La couleur et l'étoffe varient seules, ainsi que la coiffure.

Et le Mascarille de *l'Étourdi*, celui du *Dépit amoureux*, sous quel costume paraissaient-ils ? Était-ce sous celui du Scapin des *Fourberies ?* M. Coquelin joue admirablement ces deux rôles, mais est-il bien dans la vérité de la tradition en les jouant avec le même habit ? Je crois que M. Coquelin suit en cela les errements de ses prédécesseurs MM. Régnier et Samson ; mais Monrose jouait Mascarille avec la grande livrée, qui lui servait également dans l'Hector du *Joueur* et le Cliton du *Menteur*.

Comment se reconnaître dans cette confusion ? Quelle piste suivre au milieu de tant d'empreintes qui se mêlent et s'entrecroisent de façon à dérouter le plus fin limier ? Quand nous passons sur l'emplacement d'un de ces anciens quartiers dont les rues étroites et les vieilles maisons ont fait place à de larges voies et à d'élégantes constructions, nous cherchons quelquefois à rétablir par la pensée ce qui était, et, en face de ce qui est, nous ne pouvons jamais y parvenir. C'est que la mémoire de l'homme est courte, et l'on est sûr de s'égarer si on ne s'en rapporte qu'à elle. Au théâtre surtout, où tout est si mobile et si changeant, la restitution exacte du passé est encore plus difficile que partout ailleurs.

Par le côté historique, le costume au théâtre touche véritablement à l'art, ou plutôt il devient une sorte d'art spécial dont l'étude s'est singulièrement vulgarisée depuis quelques années. Comme pour les décorations théâtrales, nous retrouvons ici l'influence du mouvement romantique. Les drames, les romans historiques, les études curieuses, les savantes recherches de tant d'esprits actifs ouvrirent un champ d'exploration où l'on se précipita avec ardeur. Aujourd'hui le champ est largement cultivé et porte sa moisson. Toutes les bibliothèques nationales, en France comme à l'étranger, toutes les collections publiques ou particulières ont été fouillées; elles ont livré tout ce qu'elles possédaient concernant le costume.

Des publications de toute sorte, les procédés nouveaux de la science ont mis à la portée de tous et reproduit avec une exactitude merveilleuse des documents qui n'étaient connus que d'un petit nombre d'artistes, d'érudits, de curieux. On est expert à bon compte aujourd'hui dans la science du costume, et chacun peut y prétendre; mais je ne puis m'empêcher de songer aux ouvriers de la première heure, pour qui la tâche fut moins aisée. Et pourtant ils firent tout de suite aussi bien que l'on a pu faire depuis.

Le théâtre de l'Opéra, que son puissant outillage met naturellement à la tête de tout ce qui concerne le décor et le costume, put, dès 1831 et 1832, donner le modèle de ces belles mises en scène qui n'ont point été dépassées. Avec Scribe, Meyerbeer, Halévy, l'Opéra était entré dans la voie des grands drames historiques. Sur cette vaste scène le Moyen Age et la Renaissance développaient à l'aise, l'un son cérémonial austère, l'autre ses riantes splendeurs. En arrivant à la direction de l'Opéra, M. le docteur Véron avait cherché un collaborateur sur lequel il pût se reposer de tous les soins de la mise en scène : il s'était attaché M. Duponchel, qui devint plus tard son successeur. M. Duponchel avait étudié l'architecture, surtout au point de vue archéologique, à la manière de MM. de Lassus et Viollet-le-Duc ; il aimait le moyen âge, les missels, les manuscrits coloriés ; il avait le goût des recherches historiques, et ce goût lui fut très utile dans la partie du service qu'il avait à diriger. Il avait alors sous ses ordres un artiste très distingué, très érudit, plus modeste encore, dont le nom est à peine connu en dehors des murs de ce théâtre, mais pour qui le nombreux personnel de l'Opéra a toujours eu autant d'affection que d'estime : M. Lormier doit compter dans la maison plus de quarante années de service. Il a été pendant plus de trente ans le dessinateur des costumes de l'Opéra, dessinateur habile, d'un goût sûr, d'un incomparable savoir, qui ne donnait rien au hasard, rien à la fantaisie. On l'appelait « le bénédictin du costume », et en effet il avait à lui seul, avant tout le monde, accompli les travaux et les recherches qui se sont vulgarisés depuis. Pour apprécier l'œuvre personnelle de M. Lormier, il faudrait dresser la liste des opéras qui ont été représentés rue Le Peletier depuis *Robert le Diable*, la *Juive*, *les Huguenots*, *le Prophète*, *Charles VI* et tant d'autres, jusqu'à *l'Africaine, Don Carlos, Hamlet,* et se rappeler avec quelle justesse était observé et rendu le caractère propre à chaque époque, à chaque pays.

Il y a souvent, dans les choses de l'art et de la science, comme dans les choses de la guerre, quelque soldat obscur, quelque artiste oublié, quelque ouvrier méconnu, dont l'influence a été considérable et dont le nom n'a jamais été prononcé. M. Lormier fut un de ces hommes, et je ne suis pas fâché de trouver l'occasion de témoigner ici des grands et utiles services qu'il a rendus avec une capacité rare et une rare modestie.

Si j'avais, en me résumant, à bien caractériser le rôle que le décor et le costume doivent jouer dans l'ensemble de la mise en scène, je dirais qu'il leur faut, avant tout, savoir rester à un plan secondaire. Sans doute ils ont leur importance réelle dans toute représentation théâtrale, mais cette importance ne doit jamais être une préoccupation pour le spectateur. La loi d'harmonie, voilà leur règle et leur but. L'influence des arts accessoires est d'autant meilleure au théâtre qu'elle est mieux dissimulée et que le public la ressent plus à son insu; elle le prédispose à bien entendre, à bien écouter, à bien comprendre; elle aide à son plaisir, elle accroît l'intensité de son émotion. Il doit en être d'un théâtre comme de ces maisons de grand air dont la bonne tenue vous charme dès l'abord. A peine a-t-on franchi le seuil, qu'on éprouve comme une sensation de bien-être, tant tout y est bien ordonné, bien entendu. Tout vous plaît, tout vous sourit, tout vous charme, la bonne façon des gens, la proportion des appartements, la couleur des tentures, la disposition, la forme des meubles : on respire à pleins poumons l'harmonie. On cause, et cette causerie a un charme tout particulier. On écoute et l'on se sent écouté; on est content des autres et de soi, parce qu'on a l'esprit à l'aise et dans un état de confiance absolue. Une volonté supérieure, attentive, « invisible et présente » a présidé à ce bon accord et réglé cette harmonie. C'est celle de la maîtresse de la maison. Eh bien! j'estime que la mise en scène doit remplir l'office de ces aimables hôtesses dont l'hospitalité est si douce qu'on quitte à regret leur demeure et qu'on désire toujours y revenir.

Me voici, Monsieur, à la fin de cette étude. Elle est plus longue que je ne le croyais d'abord; veuillez donc m'excuser de vous avoir condamné à la lire. Tandis que je l'écrivais, vous avez, par une heureuse coïncidence, consacré l'un de vos feuilletons du *Temps* à ce même sujet de la mise en scène. Vous y exposez, d'une façon très claire, des idées très justes qui me semblent absolument conformes à celles que je viens d'exprimer moi-même. Sur beaucoup de points nous nous trouvons donc d'accord, et, malgré cela, vous n'en persistez pas moins à dire que je n'entends rien ou presque rien à la mise en scène. A l'appui de votre dire, vous vous servez d'un procédé d'argumentation qui passe pour fort en faveur chez des gens que vous n'aimez guère, et qui me surprend chez vous. Ce procédé consiste à bien expliquer ce qu'il est bon de faire et à accuser son adversaire d'y contrevenir. Mais, Monsieur, ce que vous dites, c'est précisément ce que je fais, et permettez-moi de m'étonner, puisque nous sommes d'accord sur les prémisses, que vous en arriviez à conclure si sévèrement contre moi.

Dans ce feuilleton, du 22 janvier dernier, vous prenez à partie la mise en scène du *Roi s'amuse;* vous la déclarez « mauvaise, inintelligente, fâcheuse, méchante », — je ne vous fais pas grâce d'un seul adjectif; vous dites qu'elle a nui au succès de l'œuvre de M. Victor Hugo. Vous vous étendez surtout sur la fameuse scène de M. de Saint-Vallier. Vous indiquez très bien comment doit se faire l'entrée du vieillard, quel doit être le mouvement général de la scène; vous précisez les passages de cette longue et admirable tirade, qui doivent être coupés par des jeux de scène, par des explosions de colère chez les courtisans en présence d'une telle audace. Mais, encore une fois, c'est précisément ce qui a lieu; la scène est coupée aux moments que vous dites; comme vous le demandez, les seigneurs portent la main à leur épée et sont interrompus par un geste du Roi, qui fait rentrer les épées au fourreau. Et quand le Roi a ordonné l'arrestation de Saint-Vallier, quand des soldats pénètrent dans la salle de fête pour exécuter cet ordre, la toile tombe, non pas — comme vous le dites, « sur une figuration aussi immobile que si elle avait été tirée du cabinet de Curtius », — mais sur le tableau du désordre et de l'effarement qui doivent suivre cette scène.

Vous en revenez toujours à votre reproche favori : c'est la mise en scène de l'Opéra. Eh! mon Dieu, oui, Monsieur, j'ai été directeur de l'Opéra, et même — *proh pudor!* — directeur de l'Opéra-Comique. Cela n'est pas une tare d'avoir dirigé successivement nos deux premières scènes lyriques et d'avoir fait ainsi dix-huit ou vingt ans d'apprentissage avant d'être appelé à l'honneur d'administrer la Comédie-Française. Je sais donc très bien, non seulement par le bon sens, mais aussi par l'expérience, que la mise en scène de l'Opéra ne doit pas être la mise en scène du Théâtre-Français. Les procédés n'en sauraient être les mêmes, puisque les éléments et les conditions en diffèrent sensiblement. Ici encore nous serions bien près d'être du même avis, si vous ne vous mépreniez sur la façon d'entendre la mise en scène propre à chaque théâtre et si vous n'en intervertissiez les rôles. A l'Opéra, dans les scènes où la figuration et les masses chorales doivent prendre part à l'action dramatique, la musique apporte au metteur en scène un concours inappréciable. Le rythme, la mesure animent et soutiennent ces masses un peu inertes par elles-mêmes, les puissantes sonorités des instruments et des voix couvrent les bruits incommodes de la scène ; tout devient facile, le désordre même se discipline et se règle sous les larges accords de l'orchestre. Au Théâtre-Français, au contraire, où la parole doit régner en souveraine, où le moindre bruit est une gêne, où la moindre manœuvre ne peut être tolérée sur le théâtre une fois le rideau levé, la tâche est bien autrement délicate et malaisée. Encore le musicien trouve-t-il souvent que les chœurs agissent trop. Que dira donc le poète, qui est à lui seul toute sa symphonie, si les figurants se démènent tandis qu'il exprime dans le plus noble langage tous les sentiments qui animent les personnages de son drame, et que, pénétrant dans l'âme de chacun d'eux, il fait parler tour à tour la tendresse du père, le désespoir de la fille, les fureurs de la vengeance, le crime inconscient ou hideux?

Mais ce n'est pas seulement à ce sujet que vous me cherchez noise. Les décors du *Roi s'amuse* ne trouvent pas plus grâce devant vous : « Je ne puis assez m'étonner — dites-vous — des éloges qu'il est coutume de prodiguer aux mises en scène de la Comédie-

Française ». Voyez, Monsieur, où j'en serais, si tout le monde pensait comme vous! Je ne défends pas la mise en scène du *Roi s'amuse*. J'ai fait de mon mieux, ce n'est pas à moi de décider si elle est bonne ou mauvaise. Ce que je puis affirmer, c'est qu'elle est absolument ce que l'auteur a voulu qu'elle fût.

Qu'ai-je fait quand il s'est agi de remettre au théâtre *le Roi s'amuse?* J'ai pris le texte de l'auteur, j'y ai vu, indiqués avec une précision absolue, les plus menus détails de la mise en scène, et, si j'avais besoin d'un nouvel argument pour prouver l'importance que le drame moderne a donnée à cette partie de l'art du théâtre, je n'irais pas le chercher ailleurs que dans la première édition de l'œuvre de M. Victor Hugo. Tout y est prévu, tout y est ordonné. On n'a qu'à suivre pas à pas les indications données par l'auteur, indications d'autant plus curieuses qu'elles ne sont pas, comme il arrive souvent, le résultat d'un travail fait sur la scène, mais qu'elles existent dans le premier manuscrit de Victor Hugo, qu'elles sont l'expression exacte de sa pensée, et qu'ainsi, sans hésitation aucune, l'auteur, à mesure qu'il écrivait sa pièce, la voyait clairement et matériellement se dérouler sur la scène.

La pensée, la volonté de l'auteur ont donc été notre loi. MM. Paul Meurice et Vacquerie, qui sont des hommes experts en fait de théâtre, ont suivi toutes les répétitions; c'est dire avec quel scrupule, quelle religion, les intentions de Victor Hugo ont été respectées et traduites. Quand le poète est venu à son tour et qu'il a pu juger de l'ensemble du travail accompli, il l'a trouvé bon, il s'en est montré satisfait. Sans doute on a eu à surmonter de réelles difficultés, notamment pour les décors des 2°, 4° et 5° actes. Les complications imaginées par le poète, la simultanéité de diverses actions, la superposition de plans divers, la nécessité où sont les acteurs de ne pas se voir entre eux sans cesser d'être aperçus par le spectateur, faisaient de ces deux décors des problèmes presque insolubles pour les décorateurs. J'avais choisi les plus habiles, MM. Rubé et Chaperon, et M. Lavastre jeune. Je ne leur ai pas ménagé la peine; leurs maquettes ont été remaniées à diverses reprises, essayées sur le théâtre, puis recommencées de nouveau, et, si vous vouliez prendre la peine de relire sur le texte le programme de chaque décor, vous verriez avec quelle fidélité ce programme a été suivi. Ce n'est pas la faute des décorateurs si la perspective, qui est une science exacte, ne permet pas que le point de vue se déplace et que, chaque spectateur occupant une place différente dans la salle, tous puissent voir également bien des scènes qui se passent, en même temps, à des endroits différents du théâtre.

Mais vous ne vous inquiétez ni de la difficulté matérielle ni de la volonté de l'auteur; tout est « mauvais, détestable, bon à jeter pardessus bord ». Allons, Monsieur, n'y a-t-il pas là une sévérité exagérée, un peu de mauvaise humeur et — permettez-moi de le dire — beaucoup de parti pris?

> Qui veut noyer son chien l'accuse de la rage.

Ainsi dit Martine, ainsi vous faites. Dans le même feuilleton, quand vous avez exterminé la mise en scène du *Roi s'amuse,* vous vous en prenez à la comédie d'Alfred de Musset : *On ne badine pas avec l'amour,* et vous accusez le Théâtre-Français d'en modifier le texte selon les jours où on la joue! Mais, quand il y aurait un administrateur assez dénué de sens pour donner un pareil ordre, où est le comédien qui pourrait plier sa mémoire à cette alternative burlesque et jongler ainsi avec deux textes, celui-là pour un jour, l'autre pour le lendemain? Vous dites bien : « Je ne l'ai pas entendu, je n'étais pas à la Comédie ce jour-là; c'est une personne *digne de foi* qui me l'affirme. » Mais comment un homme de votre esprit, de votre expérience peut-il admettre un instant de pareilles billevesées et leur prêter la publicité de son journal?

Je n'ai pas la prétention d'engager avec vous une sorte de polémique; vous exercez comme il vous convient votre droit de critique, et c'est un droit que j'ai toujours infiniment respecté. Pourtant, « *si parva licet componere magnis* », un rapprochement me vient à la pensée. Nous avons, tous les deux, sur des chemins voisins l'un de l'autre, parcouru une longue carrière, vous de critique, moi de directeur de théâtre. La quantité est incalculable des pièces que vous avez eu à juger. J'en ai fait, moi, représenter un assez grand nombre. Est-ce que, dans toute profession honorablement et consciencieusement remplie, chacun n'acquiert pas avec les années une somme d'expérience, de sûreté professionnelle, qui lui méritent la confiance, le crédit sur le public, la mise hors de pair pour tout ce qui regarde sa spécialité ? Est-ce que nous n'en sommes pas là l'un pour l'autre, Monsieur ? Est-ce qu'il me viendrait à l'idée que vous ne savez ni analyser une pièce, ni l'apprécier avec finesse, ni faire un bon article de journal, et que j'aurais d'excellents conseils à vous donner là-dessus ? Vous ririez fort, à coup sûr, et de ce bon gros rire qui secoue vos larges épaules. Eh ! bien, par contre, quand vous trouvez que telle chose ne va pas à la Comédie-Française comme vous le désirez, pourquoi ne vous diriez-vous pas : Il y a à la tête de ce théâtre un homme qui travaille, qui est assidu, qui sait son métier, et, si les choses ne vont pas tout à fait bien, c'est qu'il est peut-être difficile qu'elles aillent mieux ?

Mais non, il est convenu que je suis un administrateur néfaste pour la Comédie-Française ; vous le dites sous toutes les formes, vous le répétez à satiété, vous tâchez de le persuader à vos lecteurs. Eh ! bien, Monsieur, je ne crois pas que ce soit là l'avis du public ;

je ne suis même pas bien sûr que ce soit le vôtre, et vous m'excuserez de vous dire que ce n'est pas du tout le mien.

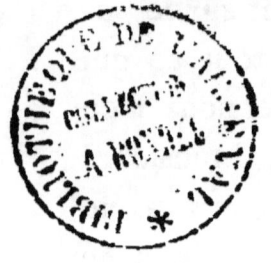

Je n'en ai pas moins l'honneur d'être,

Monsieur,

Votre très dévoué serviteur,

ÉMILE PERRIN.

Avril 1883.

Typ. A. Quantin.

www.ingramcontent.com/pod-product-compliance
Lightning Source LLC
Chambersburg PA
CBHW070204230526
45471CB00002B/814